종이새

이 도서의 국립중앙도서관 출판시도서목록(CIP)은 e-CIP 홈페이지
(http://www.nl.go.kr/ecip)에서 이용하실 수 있습니다.
(CIP 제어번호 : CIP2011002524)

종이새

2011년 7월 5일 초판 1쇄 발행
2013년 1월 25일 초판 2쇄 발행

지은이 | 김선희
펴낸이 | 孫貞順
펴낸곳 | 도서출판 작가
　　　　서울 서대문구 북아현3동 1-1278 (우-120-866)
　　　　전화 | 365-8111~2　팩스 | 365-8110
　　　　이메일 | morebook@morebook.co.kr
　　　　홈페이지 | www.morebook.co.kr
　　　　등록번호 | 제13-630호(2000. 2. 9.)

편집 | 손희 김하나
디자인 | 오경은
영업 | 손원대 설동근
관리 | 이용승

ISBN 978-89-94815-08-4 (03810)

＊잘못된 책은 구입하신 서점에서 바꾸어 드립니다.
＊지은이와의 협의 하에 인지를 붙이지 않습니다.

＊이 시집은 2010 서울문화재단 문학창작활성화 지원금으로 발간되었습니다.

값 9,000원

종이새

김선희 시집

작가

■ 시인의 말

마음에
묻었던
말들이
날고 싶다고
소리쳤다

차례

제1부 나에게 묻다

나에게 묻다 15
가객 16
갈림길 17
그 옛집 18
고요하다, 렘브란트 19
가을이 가다말고 20
고요를 깨뜨리다 21
길, 있는가 22
꽃무릇 이야기 23
끝물 여름 24
부재不在 25
분재원에 가서 26
산낙지 27
부분일식部分日蝕 28
가을 송석정松石亭 29

제2부 종이새

종이새 33
연밭에 서다 34
옥양폭포 35
요양병원 36
이별 연습 37
자벌레 한 분 38
잡초론 39
젖은 등불 40
지난간 뒤 42
지천명知天命을 건너며 43
지하철 소견 44
찻물에 바치다 45
창신동에 비 내리면 46
환하다 47

제3부 매물도 시편

매물도 시편　51
동지冬至, 눈 내리다　52
상처가 늙고 있다　53
겨울상추　54
겨울비　55
화톳불 눈꽃　56
해일海溢　57
어둠을 풀어놓고　58
아찔한 풍경　59
고드름 서울　60
효험效驗　61
헛기침　62
여우볕　64
시작詩作　65
봄눈에 부쳐　66

제4부 수국水菊 속에 깃을 치다

성에 69
수국水菊 속에 깃을 치다 70
구절초 한마디 71
목백일홍 72
민들레꽃 73
부메랑 효과 74
새털구름 75
썰물 76
아가 77
조선기와 78
질그릇 79
흙손 80
외할머니 81
환절기 82

제5부 아름다운 약속

냉이꽃 병원　85
아름다운 약속　86
채율이　87
초승달 좀 보세요　88
오일장　89
데칼코마니　90
두물머리 여자　91
다녀가신지　92
디지털　93
몇　94
모노드라마　95
보내놓고　96
보색대비　97
쌔근대는 봄　98
토끼풀 천지　99

김선희 시조 읽기
가둠과 자유, 그리고 시적 감응의 끝없는 촉발 _ 박시교　100

제1부

나에게 묻다

한때 삶의 문턱 위태 위태 넘어가며
세상에 존재해야 할 이유를 생각했다
모질게 살아남은 날,
봄의 아침 기다린 날

툭 툭 툭 내 몸에서 떨어져 나간 것들
때로는 몸살하고 때로는 떠돌다가
버리고 다 비워낸 뒤
이제는 숲 이뤘다

오롯한 시간 앞에 착하게 무릎 꿇고
떠날 때 어떤 모습 보여줄 수 있을까
적의의 내게 묻는다.
인생사 그 의미를……

가객歌客

활짝 핀 꽃무릇만 멋쩍게 바라보다

배롱나무 비틀어진 가지 위에 머뭇댄다

마음에 얹히는 노래 하늘까지 꽉 찬다

잘못을 시인是認하며 사는 것이 시인詩人이라

담벼락 까맣게 탄 오죽도 가슴 뛴다

가회동 한옥지붕이 고요에서 깨어날 때

기별 없이 찾아오신 돌확 틈새 저 들풀들

먼 길을 홀로 가는 뒷모습 그림자에

환하게 어우러진다 서로 몸을 나눈다

갈림길
— 영화 〈내 이름을 함부로 부르지 마라〉

양쪽으로 나눠놓고 애달팠던 맘 있던가

돌 틈을 빠져나온 물길의 흐름처럼

물줄기 갈림길마다 목이 메인 이름 있다.

쌓이는 담배꽁초 엇나간 연기 속에

내가 지닌 것이 그저 허상임을

유리잔 파열음 너머 다다를 길은 없다.

그 옛집

애련리 계곡물소리 밤 깊어 더 깊어지고
어머니 쉰 목소리 자분자분 살아오는

그 옛집
마루에 앉아
오랜 온기 느낀다.

젖은 옷 마를 새 없이 궁핍하게 살았던
가슴 안 지울 수 없는 내 유년의 상형문자

이 가을
감잎만큼만
물들일 수 있다면……

고요하다, 렘브란트

돌아 온 탕자* 안 듯
가슴을 에워싼다

고요하다, 렘브란트
기척 없이 오신 손님

창문 밖 소용돌이가
문™ 안을 엿보지만

액자 속 그림으로
들어앉은 어느 오후

열려진 문틈으로
새어드는 낮은 목소리

구름 속 낮달 하나가
귀를 열고 듣는다

*렘브란트의 그림

가을이 가다말고

햇살도 숨이 차서 등성이쯤 풀어지고
철 모르는 잠자리 한 쌍 정적 속 사랑비행
이슬을 털던 국화꽃 꽃대가 흔들린다

축제 뒤 빈 잔처럼 말간 하늘 아래
제 빛깔을 쏟고 있는 나무와 풀잎들이
바람에 엎치락거린다 가벼워지는 몸피

고요를 깨뜨리다

둥지 나온 새가 사는 집 앞 메밀밭에

까투리 한 마리가 서커스로 시작하는 아침, 앵두빛 물든 동쪽하늘 한 무리 새떼가 작은 봉우리를 넘을 때 부스 스 눈을 뜨는 구름 몇 덩이, 길섶을 스치는 구부정한 바람이 이슬을 간지럽히자 메밀이삭에 눈물이 찔끔,

햇살이 한꺼번에 나와 쟁그랑 소리를 낸다

길, 있는가

"딸을 낳던 겨울, 두어 번 까무라치고, 진통 끝에 눈을 감은 어린 아내 따라 오는가?"

산행 길 눈이 내리자
혼잣말을 하는 사내

산길은 미끄러워 더는 못가겠다고 옆구리가 시리다는 몸짓을 해가면서

그 사내
"유통기한 남아있는 길 있는가?" 묻는다

지상을 떠나버린 사람들 다시 오듯 쓸쓸한 그의 등을 바람이 끌고 간다

모두 다 사라지는 것이 아닌 달*이
십일월

*인디언들이 11월을 표현한 달력표기법

꽃무릇 이야기

명옥헌 고목 아래
꽃무릇 앉았습니다

아니, 몇은 더러 서서
목을 길게 빼어 물고

바람이 부는 쪽으로
살짝 돌아섰습니다

구름도 가다 말고
함께 붉어지는 오후

너무나 먼 그대가
다가오는 것만 같아

감춘 맘 어쩌지 못해
비껴 피고 비껴 집니다

끝물 여름

탱탱히 여문 고추 마당에 엎드렸다
자투리 폭염에도 순종하는 자태인가

창문에
바람도 기우는
지금은 중년 여름

부화 못한 애벌레가 기어가는 소리까지
산중턱 가까이서 환청으로 듣는 오후

불임된
호박 몇 잎이
누렇게 뒹굴고 있다

부재不在

날려 보낸 풍선처럼
지금, 그대 없다……

보채며 울먹이며
깔리는 저녁햇살

목이 쉰 울음 끝인가
까칠한 노래마디

명태를 두들기듯
그 이름을 달래보지만

엇각으로 떨어지는
기억의 부스러기

신호등 바뀐 자리가
돌아선 뒷모습 같다.

분재원에 가서

자목련 멍울 맺는 화전골 초봄 한낮

앞질러 핀 영산홍의 날숨들숨 저리 붉다

꽃 속에 숨어든 이가 내게 가만 눈 맞춘다

허리가 묶여지고 손과 발이 잘려나간

생장점 변형 앞에 비춰보는 나의 형상

그대가 날 가두신다니 놀라워라, 이 자유

산낙지

나는 왜, 이러냐고 부대끼는 몸짓으로

격렬히 꿈틀대며, 비명을 삼켜가며

술 마신 초로의 사내가 해물탕에 빠져있다

신발도 내던지고 단단했던 속도 깨고

허공을 향해서만 무작정 걸었다던

농다리* 문 없는 빗장을 혼자 열고 가는, 그

*충북 진천에 소재

부분일식部分日蝕

뇌사자 간을 얻은 서른여덟 젊은 후배
찜질방 무릎 맞대고 자분자분 얘기한다
간이식 전국 일 순위 꼬리표 덕분이라고

부고장 돌리기 전 그 하루의 어둠 추적
B형간염 바이러스 뎇을 풀어내고
몸속에 모신 그 남자, 함께 맞는 생일이라고

가을 송석정松石亭

은행나무 두 그루가 하늘 바라 기대섰다
낮달이 희미하게 마당을 지나치자
바람이 가다 멈추고 자꾸 뒤를 돌아본다

이미 반을 건너버린 생生을 달래느라
온몸의 뼈마디들 소리를 내고 있다
그럴 때 울음이 오는가 바람이 젖어든다

모두 사라지는 것, 결코 아니라고
정암*의 목소리가 서늘히 들려온다
사람이 지나간 자리 이리 깊은 울림이구나

*정암: 조광조의 호

제2부

종이새

난지도 하늘공원 누가 연을 올리나

줄에서 벗어나려 우쭐우쭐 기우는 연

얼레에 묶인 줄 모르고
허둥대는 나처럼,

직유로 번져 있는 하늘길을 밀고 간다

구름을 등에 업고 바람에 맞서가며

종이새 훨훨 날듯이
날, 당겼다 풀어주오.

연밭에 서다

물속에 옹기그릇 진흙 안고 잠겨있어

호수공원 한 마당이 그대로 연밭이네

한 몸에 등불 하나만 욕심 없이 켜들고.

바람이 졸고 있어도 향기 절로 퍼뜨리고

불러내는 햇살에도 쉬 마음 열지 않는

그 기품 맑은 숨결이 두 귀에 모여든다.

옥양폭포*

고꾸라져 부서짐이 살기 위한 몸짓이라면

옷자락 잡던 어머니 눈길에 매달려도

다다른 벼랑 끝이라 뒤돌아도 못 갑니다.

점멸등에 갇혀버린 중년의 신호등 앞

조급함 달래면서 지금은 일시정지

찬란히 부서진다는 것 한낱 꿈일 뿐입니다.

*옥양폭포: 서산의 가야산에 있는 폭포

요양병원

십년 넘게 수족처럼 써 오던 낡은 소파
너덜대는 부분을 억지 손질 하자니

병원엔
막무가내 안 간다는
어머니가 보인다.

여든 넘게 부리다가 주저앉은 두 다리
방바닥에 들러붙어 일어설 줄 모르건만

죽으러
가는 곳인 듯
손사래치는 어머니.

이별 연습

세모시 그 단아함 사위어 간데없고

태아처럼 웅크린 몸 무너질 듯 안쓰럽다

허기진 산소호흡기 넘나드는 가쁜 숨결

무심히 쏟아지는 적요만이 깔린 병실

풀린 눈자위가 저토록 애틋하다

이다음 생生이 있다면 훨훨 날 시고모님

자벌레 한 분

땅을 보고 걷다가 흘러가는 구름 본다

무심코 잊고 살던 몸에 깃든 운韻이 있어

자벌레 반듯한 몸도 가을 물에 젖는다

하품하며 지척이며 기지개켜는 노인

혼자 하는 소꿉살이 하루해가 너무 길어

가다가 서기도 하고 오던 길 다시 가고

잡초론

달포 넘어 찾지 않은 늦여름 농막을 보니
잡초에 짓눌려서 크지 못한 밭작물들
마음 끝 절로 아려와 종일토록 낫질을 한다

밭고랑 수북 쌓인 풀더미를 치우면서
잡초라고 이름 붙여 참말 미안하다
제 눈에 안경이라고 둘러보니 잡초뿐이다

젖은 등불

갚을 것 갚아주고
버릴 것 다 버리고

십일월 감나무에
늦은 비가 휘감긴다

등불 몇
하늘에 얹고
형벌처럼
홀로 가는

살아온 날의 무게
그 오랜 목마름을

자박자박 건너가는
촉촉한 저 발자국

한마디

할 말이 있다고
까치밥이
흔들린다

지나간 뒤

물안개로 묻혀버린 신시도*의 이른 아침

썰물로 다 드러난 갯벌의 젖은 속살이

은근히 안달을 한다, 너는 가고 없는데……

누구도 알 수 없게 타올랐다 사위어 간

수북이 쌓여있는 내 마음 잿더미 속

뜨겁게 물고 있는 불씨 아직은 살아 있다

이렇게 가이없이 기다리는 생의 언저리

연착된 버스마냥 소식이 감감하다

눈감고 더듬어 찾는 마지막 불쏘시개

*신시도 : 섬 이름

지천명知天命을 건너며

눈길에 들어오는 몇 올 흰 머리칼이

대출 금리마냥 시나브로 불어나는

웃어도 눈물의 뉘가 얼마쯤은 섞이곤 하는

잡은 물고기에 떡밥 줄 이 있겠는가

다림질에 뿜어대는 한 모금 물보라에

주름진 날들의 불면, 반이나마 펴 보느니

지하철 소견

계단을 오를라치면
웃음이 사라지고

사방에서 등 떠미는
사람들에 갇힌 시간

흉흉한 바람의 발톱
어둠을 할퀴고 있다.

동굴에 들어앉은
당신의 눈 속에는

한 마리 성난 물고기
수시로 파닥인다

반쯤만 문이 열리고
그 뒷모습 불안하다.

찻물에 바치다

파도를 탄 포말처럼
생각의 잔 앙금들

유백색 분청찻잔에
청록으로 우려낸다

엷은 향 녹아들면서
오래도록 번지는 말,

가난도 맑기만 하면
외려 눈물이 나서

느리게 그리움을
섞어도 본다지만

피다만 물먹은 잎이
떫다 해도 나 바치리.

창신동에 비 내리면

거미줄 널어 논 듯 얽힌 전깃줄 밑
봉제공장 배달 가는 오토바이 낯이 익다
청계천 피복노동자 둥지 트는 이 골목

주파수를 맞춰 봐도 직직 끓는 라디오 소리
열여섯 그 나이에 사십년을 얹은 오늘
흘러간 유행가 따라 꿈도 반은 흘러갔다

창신동에 비 내리면 일감이 뚝 떨어져
노랫가락 흥얼댄다, 지난 날 우리 언니들
재봉틀 돌리다말고 흰머리도 골라내며

환하다

대숲바람 따라가다 발걸음 멈춰진 곳

풍경 걸린 암자 한 채 석간수도 화엄경

행자 방 찻물향기에 배롱꽃이 환하다

첫 매미 울음소리가 여름을 씻어내고

초록물에 흠뻑 젖은 석등의 짧은 그림자

씻어 논 스님 고무신 댓돌 위에 환하다.

제3부

매물도 시편

바다를 다 건졌나, 고깃배가 들어온다
인적도 뜸해지는 저문 날의 포구에는
몇 날을 외롭게 버틴 등대마저 지쳤다

해당화 길어진 목이 파도에 기댈 때면
뱃고동을 따라갔던 갈매기도 돌아와
해변에 홀로 버려진 발자국을 지운다

뭍에 닿은 기쁨일랑 아주, 잠시 잠깐
여기저기 흩어놓은 어구들을 손질해놓고
파도는 멍이 든 삶의 종아리를 내친다

동지冬至, 눈 내리다

햇살이 몸 사리는 오후 5시 유리창 밖

성에꽃 환상 속에 희뜩희뜩 눈발이 서고

바람 속 소용돌이에 비명소리 들린다

물기 젖은 손을 뻗어 하염없이 쓰다듬는

희미하다, 두고 온 날 너처럼 소슬하게

환청도 이명도 아닌 눈사태 지는 소리

상처가 늙고 있다

종종대는 바람으로 기울어진 돌담 아래
낡은 집 처마 밑에 웅크리고 앉은 개와
물질을 막 끝내고 온 해녀들의 손이 있다

바다를 건져 올려 늘어놓은 마당가에
꼭 그만큼 관광객이 등대섬을 오르내리고
해조물 비릿한 몸을 펴고 있는 손이 있다

엉킨 미역처럼 바다를 껴안고 산
주름진 손등으로 건너오는 철든 봄이
그늘을 드리우고 있다, 상처가 늙고 있다

겨울상추

찢어진 비닐하우스 바람이 들이 댄다

햇살은 팔짱끼고 저 혼자만 산바라기

발 아래 살얼음 깔려도 오래 버틴 침묵의 시간.

어둠과 빛을 섞은 옷 한 벌 지어 입고

살금살금 눈치 보며 봄을 껴안고 있네

입맛을 쌉싸름하게, 식욕에 부푼 초록!

겨울비

제집인양 놀이터를 적시는 찬 빗줄기

전봇대 옆 은행나무도 충전을 하고 있다

허공에 지은 까치집 오래 젖어 무겁구나

태풍이 몰아치자 푸른빛이 도는 정적

그 빛에 날아갈 듯 가벼이 몸이 든다

번개와 대면하리라 기껍게 안아주리라

가슴 속 불타던 칼이 썩은 말을 잘라내고

생각의 찌든 껍데기 거침없이 벗어 던진다

우울한 도시의 절벽을 뛰어내린다, 지금!

화톳불 눈꽃

단추를 다 못 채운 윗도리를 입은 듯이

어둑한 논밭 틈새 신도시가 어색하다

때마침
오시는 함박눈
분별 다 덮어준다

언덕 가파른 길 하늘 밑 성당 있다

비켜설 길이 없는 여기는 막다른 곳

눈꽃이
떨어져 누운
화톳불만 뜨겁다

해일 *海溢*

단단한 자물쇠를 진압군에 빼앗긴 채

묵비권이 해제되고 말문 트기 시작했다

뜻 맞는 젊은 피들이 왁자하게 밀려든다

수평선 저 끝까지 바다와 내통하는

해송 몇 그루가 열쇠를 움켜쥔 듯

한사코 달려 나가는 저 포말의 무한질주

어둠을 풀어놓고

여름밤 개구리 울음
무논에서 지울 대고

모기향 푸른 바람
반딧불이 좇아오다

홀연한
노자老子의 옷자락
그리움에 타는 적막.

곡우 지낸 찻잎 끓여
그 향에 물드는 밤

만삭으로 부푼 하늘이
어둠을 풀어 놓는다

가늘게
눈을 뜬 수심
언저리에 다는 등燈.

아찔한 풍경

말고삐를 풀어놓은 사내는 호남정맥*

약속도 없었는데 초록이 들어앉더니

가슴을 드러내놓고 누웠느니 그 사내.

산 첩첩 골 깊은 곳 뻐꾸기 울음소리

한 쌍 잠자리의 은밀한 공중비행을

속눈썹 내린 그림자 파르르 떨며본다.

*호남정맥 : 호남지방 중심을 이루는 산줄기

고드름 서울

우리네 소중한 것
모두 쓸어 낸 자리

불도저 완력 속에
화톳불도 지쳐가고

뉴타운
세찬 바람은
고드름을 키운다.

재개발에 짓밟혀진
옛집 한옥 푸른 절개

옹이 하나 더 얹어
신음을 내뱉는 사이

인간의
거대한 욕망
마천루를 세운다.

효험效驗

딱지가 앉으려나 슬슬 가렵구나

이렇게 집착이란 긁어서 덧내는 일

눈으로 웃음을 짓고 등 돌리자 침을 뱉는,

갑자기 웬일이냐며 알면서도 모르는 척

앞서거니 뒤서거니 들려오는 세상 소식

쓴 약이 몸에 좋다고 네 이름을 삼킨다.

헛기침

격렬한 폭풍의 젊음, 유혹을 견뎌냈던

시간이 타고 있다 이미 반은 불길이다

숨구멍
하나 뚫린다
가슴에 막혀 있던

적막의 무게만이 노인 등에 걸터앉아

혼자서 주고받는 기침소리 귀에 묻고

축제를
꿈꾸던 날의
그 안부가 너무 멀다

집념만큼 고통스런 체념을 배우느라

바람은 가쁜 숨결로 학습의 장을 연다

빈터에
메아리로 오는
누구의 속말인가

여우별

욕하듯 설레발치듯
흙탕물 쏟아진다

강둑도 넘기려나
종일토록 넘치는 물

하늘도
장대비 횡포에
반기 들고 나서다.

욕심, 끝은 없다
팽팽한 줄다리기

여름 장마비인가
지루한 노사대결

반짝 든
햇빛 한줄기
악수가 머쓱하다.

시작詩作

오르막 내리막에 길은 자꾸 구멍을 내고

수두룩한 낱말들이 그 속에 빠져든다

어둠속 바람의 키질에 걸러내진 옹골찬 말

겨우 하루뿐인 하루살이 목숨인가

온 밤을 지새우며 불빛에 뛰어들 때

슬픔에 찢긴 날개가 난간에 걸려 있다,

봄눈에 부쳐

구곡폭포 가는 길에 헝클린 맘 부려본다

춘분도 한나절인데 싸락눈발 저 회오리

돌아갈
길이 없다고
바람결에 쏘다닌다

새우눈 뜬 길섶 꽃들 까치발로 오르다가

벼랑 끄트머리에 벙글어 피는 뜻은

이제야
엉킨 실타래
풀어내는 손짓이다

제4부

성에

밤눈
다녀가신

그 창밖에
누가 서서

빙벽의
내 가슴을

끌로 쪼고
있구나

무수한
잔금에 찢긴

눈꽃이,
떨고 있다

수국水菊 속에 깃을 치다

밤새 빗소리가 춤을 추다 멀어진다

높았다 낮아졌다 빗방울의 음계들이 몸을 털며, 몸을 털며 어둠에 스미더니 연못 저 끝쯤에서 찢어지는 개구리 울음 한 무더기 비명으로 감겨든다 그제야 비로소, 반쯤 남은 흔적과 눈물과 물거품을 놓친 나는,

지다만 수국 속으로 깃을 치는 새가 된다

구절초 한마디

환경을
탓할 거 있나
자기 할
나름이지

처음부터
몸에 익힌
긴긴
외로움의 길

그 굽이
아홉 마디마디마다
서걱이는
별빛 소리

목백일홍

손톱 끝 반달 같은
아리한 그 빛깔로

내게 오는 그 마음이
물관부를 타고 올라

뒤틀린
나뭇가지에
없는 길을 내고 있다

민들레꽃

이 빠진 사발마냥
기울어진 초가마냥

어머니 주저앉아
눈으로 하는 말씀

걸어선
갈 수 없는 길
홀씨로 날아간다

부메랑 효과

툭, 던진 말 한마디 뉘 가슴에 칼을 꽂나

한 줄금 지나던 바람 목덜미를 휘감더니

무심코 쏟아낸 말에 혓바늘이 돋는 오늘.

새털구름

불볕, 여름 앓느라
수척해진 처서 무렵

다듬이를 곧추세운 수천의 나비 떼가

가을 길 앞세워간다
하늘이 잠시 희다.

썰물

쥐면 놓칠 못하는
살면서 꼭 쥔 것들

꼭 쥘수록 빠져나간
모래알 이었던가

썰물로 훑고 간 그대
내 사랑의 그 허물

아가

내 몸의 핏줄을 타고
꽃 한 송이 필 줄이야

온 천지가 초록일 때
너는 맘껏 벙글어서

문고리
활짝 당기고
내 품으로 안겨드네

조선 기와

세찬 비 맞을수록 더 옹골찬 검은 기와

불도장 찍힌 가슴 한눈 한번 팔지 않고

오래된 수묵화 한 장, 그늘 진 채 바랬다

질그릇

친정집 오래 묵은 낙엽 빛깔 오지그릇

어쩌다 뒷방 신세 섬 같은 침묵으로

대보름 달빛만 먹고도 배부른 듯 웃고 있다

흙손

등 굽은 할아버지 호미 들고 나서자
베잠방이 잡아끌고 증손녀 따라 선다
웃음 띤 고랑 진 얼굴 하회탈이 따로 없다.

풀 매기 혼을 빼는 정직한 저 흙손
망초꽃 곁에 앉아 붉은 흙 움켜쥐니
한아름 꽃으로 피는 손녀딸 얼굴이다.

외할머니

노인대학 반장이신
외할머니 필통 속에

색연필이 사이좋게
알록달록 어깨동무

아직도
못 그린 그림
마음속에 있나요?

영어도 배우시느라
글씨는 삐뚤빼뚤

스펠링 한두 개쯤
슬쩍 이가 빠졌어도

아직도
꼭 하고 싶은
그 말씀은 뭔가요?

환절기

1
겨우내 참았던 불씨 한 순간에 번져온다

유록이 울음 끝에 제 빛깔을 비워낼 때

절정의 그날을 그리며 푯대 하나 세운다

2
마음을 묶어놓고 눈길 닫아 걸어 봐도

자꾸 치켜 올라가는 목숨의 바지랑대

사랑은 순간의 이동 들끓어도 늘, 춥다

제5부

냉이꽃 병원

녹다만 잔설들이 그늘에 머뭇대는데

성미 급한 냉이 꽃대 작은 깃발 치켜든다

바람은 매몰차지만 발돋움 연습중인가

애지중지 키웠어도 나중엔 혼자 목숨

허허벌판 한가운데 부모를 모셔놓고

밤마다 요양병원이 꿈속으로 왔다간다

밤 속의 보늬 같은 어머니는 나의 허물

자시 도 이깝다고 발목에 또 힘주신다

햇살이 유리창을 타고 흔들리는, 한낮

아름다운 약속
— 百年佳約

입춘 지나 봄볕 환한 날 내 품에 안긴 아기
잼 잼 고사리 손, 둥기둥기 엊그젠데
어느덧 꽃길을 걸어 네 둥지를 트는구나

사랑으로 둘이 맺은 첫 마음을 고이 지켜
듬직한 신랑 얻어 우리 앞에 다시 서니
이 세상 어떤 보석이 너희보다 빛날까

기도로 아침을 열고 다시 또 밤을 맞으며
받으려만 하지 말고 조건도 달지 말고
서로가 기댈 수 있는 따순 등이 된다면...

채율이

우리집 귀한 아가 웃음이 날아가듯
묶여진 깻단에서도 소르륵 웃음소리
하늘에 조각구름도 햇발 받아 반짝인다

입 짧은 가을볕에 가을걷이 끝날 무렵
후다닥 날아가는 콩밭 속 꿩 한 마리
지금은 축제 한마당 꽃단풍 든 너의 얼굴

구름도 가다 말고 고개 돌린 애련리愛蓮理*가
길섶에 마중 나와 하늘 길 열어갈 때
채율이 옹알이소리 내 가슴 옹달샘소리

*충북 제천시 백운면 애련리

초승달 좀 보세요

단오, 이틀 앞두고
저녁미사 다녀오는 길

남빛 하늘어귀
살짝 올린 밑줄 하나

수녀님 보듬어주신
그 마음도 보일 듯이.

반쯤 물어 올린
꽃잎 한 장 띄워놓고

하느님 막 웃으신다
기쁨이란 나눠주는 것,

가로등 저도 빙그레
골목길이 더 환하다.

오일장

오랜만에 찾은 고향, 가는 날이 장날이라

할머니 마늘 팔던 장터를 들러보니

때 절은 좌판대만이 세월을 흥정한다.

어깨 굽은 천막 가엔 쇠파리만 윙윙대고

손등에 검버섯 피운 노모들의 흐린 눈빛

바닷가 파시장마냥 장터 곳곳 휑하다.

닷새마다 묻어둔 일 훌훌 털고 씻어주던

질퍽하던 시장통에 불어오는 낯선 바람

자꾸만 물러나는 일, 이제 나도 지나간다.

데칼코마니

양미리 한 꾸러미 싱크대에 올려졌다

바람에 배배 말라 구부러진 몸뚱어리

줄줄이 꿰어 사는 일 문득 시린 늑골 밑

거실 벽 거울에 비친 내 얼굴이 느닷없다

판화처럼 실금이 간 저 여자 본 듯한데

풍화된 지느러미 쪽, 낯익어서 낯설다.

두물머리 여자

두물머리 멀리 뵈는
다각실 툇마루에

한 마리 겨울기러기
그림처럼 졸고 있다

오던 길 꺾여 들어가
숲덤불 이뤘다는,

석삼년 무지개골에
꽃으로나 피고 싶던

한때 꿈도 사그라져
고사목 같은 나날

젖은 옷 벗어 말리 듯
희미하게 웃고 있다

다녀가신지

오랜만에 나가보니
텃밭이 붉디붉다

상추씨라 뿌렸건만
백일홍 꽃밭 천지

땡볕에 마른 가슴이
그대로 불길이다

철없는 저것들도
나를 닮았는가

저만치 우체통이
새둥지가 될 때까지

우체부 다녀가신지
하마 오래 되었다

디지털

연인과 마주 앉아서도 문자하는 신세대
세배 대신 제 방에서 새해인사도 문자로 한다

무서워
세상천지를
벤치마킹하는 디지털

살얼음 진 한강을 건너듯 한 구조조정
쉰 세대 늦은 밤까지 컴퓨터를 애무한다

꿈에도
키보드를 두드린다
여보게, 날 버리지 마

몇

늦은 밤 화면 속을 눈보라가 휩쓴다

제천행 시외버스 이마쯤에 멈춰 설 때

오래된 사진첩 갈피마다 피어나는 눈송이, 몇

기다림은 모든 길을 환히 열어준다

하룻밤 여인숙에 두고 온 꿈은 멀어

길 위를 뒷걸음질치는 젊은 날의 발자국, 몇

모노드라마

2호선 지하출구 계단 중간쯤 가다말고

건장하게 생긴 청년 큰 절하듯 엎어진다

공손히 두 손 모으고 목하 불공중이다

직업도 각양각색 어처구니없는 구걸

환한 대낮 천지 웅크린 저 어둠을

밀치고 걸어 나가는 떨떠름한 인파들

보내놓고
— 미타원에서

인연은 한번 뿐이라고, 아등바등 움켜쥔 채

그늘의 막장까지 끌고 왔던 긴 그림자

물젖은 빈혈의 아내 계산 모를 셈을 한다

할 말 다 막아놓고 돌아와 추억이 된

두고 온 그리움만 춥고도 서운하다

지친 맘 침묵으로 털며 뼛가루에 뿌린 눈물

보색대비

빈 속에, 놓친 잠에,
노숙의 입덧이다

단풍 타는 공원 모퉁이
무료급식 저 긴 행렬

한 끼 밥 양지를 찾아
깨금발로 오는 햇살

건너편 '다담에 뜰'*
차 향기 그윽하다

잘 다려진 시간의 꽃
저마다 피워놓고

미식을 탐하는 입맛이
가을을 타고 있다

*다담의 뜰: 찻집

쌔근대는 봄

흰눈이 쌓인 곳에 숨구멍이 뚫려있다

얇은 막 들썩이며 땅기운이 스며들고

얼음 속 쌔근대는 물, 정수리만 파랗다

기우뚱 기와지붕 고드름 똑똑 듣는다

때 이른 냉이꽃이 마당가 보초 설 때

살얼음 속살 푼다고 팔짝 뛰는 개구리

토끼풀 천지

여기는 연변들판 풀꽃들 세상이구나

가만히 들여다보니 잘 지은 쌀밥 무더기

배고픈 여름이 간다고 아이 몇이 서성댄다

꽃제비라 부른다니…… 어디서 왔니, 너는

쟁여진 눈물일까 검푸른 눈자위에

두고 온 고향하늘 쪽 슬픔같은 구름이 뜬다

■ 김선희 시조 읽기

가둠과 자유, 그리고 시적 감응의 끝없는 촉발

박시교
(시인)

1

이천년대로 접어들면서 시조 쓰기에 전념하는 시인들이 눈에 띄게 많아졌다. 그리고 늘어난 인구의 숫자만큼 소재나 내용 등이 다양해졌으며, 또 그에 걸맞게 좋은 작품들이 많이 발표되고 있다.

이러한 고무적인 현상에 더하여 마치 신인들의 활약을 뒷받침해 주려는 듯이 몇몇 기존의 시조문학상에 신인상이 새로 생겨나기까지 하였다. 전통의 '중앙시조대상'에 유일했던 '신인상'이 '이호우, 이영도 오누이시조문학상', '가람시조문학상' 등 권위 있는 세 상이 신인상을 새로 신설한 것이 바로 이를 반증하는 증거라 할 수 있다.

실제로 이들 문학상 심사에 참여해 보면 본상보다 오히려 신인상 경쟁이 더 치열한 것을 목격하게 되고, 심사에 오른 작품들의 빼어난 감각과 신선한 패기를 실감하게도 된다. 그만큼 시조가 젊어진 것이다.

이러한 지극히 고무적이고 희망적인 현상은 시조의 내일을 믿게 하는 기반이 될 것이고, 또 시조 인구의 발전적 확대뿐만이 아니라 이 근래 일어나고 있는 해이한 자유시에 대한 반성과 맞물려 우리시의 새로운 모색에 시조가 자연스럽게 편승하는 계기가 될 것이란 생각을 하게도 된다.

김선희 시인의 시조 읽기 글머리에 굳이 이 같은 얘기를 놓는 것은 그 주인공들 중에 그도 분명 한 시인임에 틀림이 없기 때문이다. 이 글을 쓰기 위해 시집 『종이새』를 일별하는 가운데 수록 작품 여러 편에서 그러한 강한 인상을 받았는데, 실제로 김 시인은 연전에 그 역량을 인정받아 위에 든 신인상과 중요 문예기금을 수혜한 바 있다.

이제 이쯤에서 길어진 곁가지 말에서 본론으로 돌아와 시집의 첫 작품부터 옮겨서 읽기로 한다.

한때 삶의 문턱 위태 위태 넘어가며
세상에 존재해야 할 이유를 생각했다
모질게 살아남은 날,
봄의 아침 기다린 날

툭 툭 툭 내 몸에서 떨어져 나간 것들
때로는 몸살하고 때로는 떠돌다가
버리고 다 비워낸 뒤
이제는 숲 이뤘다.

오롯한 시간 앞에 착하게 무릎 꿇고
떠날 때 어떤 모습 보여줄 수 있을까
적의의 내게 묻는다
인생사 그 의미를……

—「나에게 묻다」전문

 시는 어쩌면 우리들 삶의 끝없는 질문인지도 모른다. 그래서 '한때 삶의 문턱 위태 위태 넘어가며/ 세상에 존재해야 할 이유를 생각' 하는 것은 아닐는지. 그런 아픈 시련의 시간들은 누구에게나 있게 마련이지만 '버리고 다 비워낸 뒤/ 이제는 숲 이루기' 까지의 지난했던 고통을 시인은 결코 잊지 않는다.

그리하여 그러한 자세는 지금까지보다 '오롯한 시간 앞에 착하게 무릎 꿇고/ 떠날 때 어떤 모습 보여줄 수 있을까' 하고 내일을 더 염려스러워 한다. 시인이 진술하려는 진정한 삶의 의미를 「나에게 묻다」를 통해서 엿볼 수가 있었다. 이러한 생각의 연장선상에서 읽혀지는 작품으로 「분재원에 가서」가 있다.

> 자목련 멍울 맺는 화전골 초봄 한낮
>
> 앞질러 핀 영산홍의 날숨들숨 저리 붉다
>
> 꽃 속에 숨어든 이가 내게 가만 눈 맞춘다
>
> 허리가 묶여지고 손과 발이 잘려나간
>
> 생장점 변형 앞에 비춰보는 나의 형상
>
> 그대가 날 가두신다니 놀라워라, 이 자유
> ─「분재원에 가서」 전문

봄날의 풍광을 펼쳐 그린 첫수 '자목련 멍울 맺는 화전골 초봄 한낮/ 앞질러 핀 영산홍의 날숨들숨 저리 붉'은 정경에다 '꽃 속에 숨어든 이가' 있음을 화자의 예리한 눈이 발견하게 됨으로써 비로소 어떤 움직임의 순간이 포착된다. 그래서 꽃 속에 숨은 그와 내가 가만 눈 맞추는 비밀스러운 시적 감응이 이뤄지게 되는 것이다.

이런 은밀한 촉발의 압권은 바로 둘쨋 수 종장 '그대가 날 가두신다니 놀라워라, 이 자유'이다. '허리가 묶여지고 손과 발이 잘려나간/ 생장점 변형 앞에 비춰 보는 나의 형상'을 통해 시인은 또 다른 생의 질문을 던진다.

그런데 그 대답이 아주 놀랍다. 시조의 결구結句인 종장 처리는 이처럼 아름다운 반전이어야 한다. '가둠과 자유'의 넘나듦이 이쯤 되면 빛나는 결정結晶이라고 해도 절대 과언이 아니다.

2

수록 작품 「가객歌客」에 '잘못을 시인是認하며 사는 것이 시인詩人'이라는 구절이 있다. 사람이 살면서 자신의 모습을 바로 비춰 보기란 쉽지가 않다. 더구나 자신의 잘못을 바로 시인하기란 그렇게 간단치가 않다. 그러나 사유의 시간이 남들보다 많은 시인이어서 자신을 돌아

보는 눈이 분명할 수 있고, 그러하므로 어떤 형태이든 성찰의 소산인 시를 읽는 즐거움은 특별할 수밖에 없다.

    난지도 하늘공원 누가 연을 올리나

    줄에서 벗어나려 우쭐우쭐 기우는 연

    얼레에 묶인 줄 모르고
    허둥대는 나처럼,

    직유로 번져있는 하늘길을 밀고 간다

    구름을 등에 업고 바람에 맞서가며

    종이새 훨훨 날듯이
    날, 당겼다 풀어주오.
                           ─「종이새」 전문

  시집의 표제시인 인용한 작품은 굳이 해설이 필요치 않을 만큼 쉽게 읽힌다. 좋은 시란 대체적으로 바로 읽어서 감흥을 느끼게 되고 또 현란한 수사나 장식을 이처럼 별스럽게 갖추지를 않는다.

　연이 날고 있는 모습을 '줄에서 벗어나려 우쭐우쭐 기우는' 것으로 본 것도 이채롭지만 그 모습이 마치 '얼레에 묶인 줄 모르고/ 허둥대는 나'로 인식한 것이 바로 이 시의 핵이라 할 수 있다. 연을 통해 자신의 삶을 바로 직시하고 또 그 의미를 되새김질하는 모습이 읽는 이의 감흥을 일으키게 하는 요인이 되고 있다. 그리고 '직유로 번져있는 하늘길을 밀고 가는' 연의 '구름을 등에 업고 바람에 맞서'는 당당함, 그래서 그 누군가에게 '종이새 훨훨 날듯이/ 날, 당겼다 풀어주오'라고 희원한다.

　연을 종이새로 본 것도 재미를 더한다. 한 편 더 옮겨 읽는다.

　　　　바다를 다 건졌나, 고깃배가 들어온다
　　　　인적도 뜸해지는 저문 날의 포구에는
　　　　몇 날을 외롭게 버틴 등대마저 지쳤다

　　　　해당화 길어진 목이 파도에 기댈 때면
　　　　뱃고동을 따라갔던 갈매기도 돌아와
　　　　해변에 홀로 버려진 발자국을 지운다

뭍에 닿은 기쁨일랑 아주, 잠시 잠깐
여기저기 흩어놓은 어구들을 손질해놓고
파도는 멍이 든 삶의 종아리를 후려친다

—「매물도 시편」전문

　우리네 고단한 삶의 흔적과 그 시간들을 되돌아보게 하는 시였다. 포구로 고깃배가 다시 돌아오는데도 흥성스러움보다는 몇 날을 외롭게 버틴 등대의 지친 모습이 안쓰럽게 그려지는가 하면, '뱃고동을 따라갔던 갈매기도 돌아와/ 해변에 홀로 버려진 발자국을 지운다'고 을씨년스런 정경을 보탠다. 사람도 고깃배도 갈매기도 모두 다 제자리로 돌아왔지만 포구는 더없이 쓸쓸하다. 왜일까. 고된 삶, 멍이 든 삶의 종아리를 파도가 쉼 없이 후려치기 때문이라고 했지만 그것보다는 원초적인 아픔이 짙게 배어 있어서일 것이다. 이 같은 고통은 깨어있는 시인의 정신에서 기인한다. 세상에 아프지 않는 삶이란 없다. 수묵화처럼 먹물이 짙게 가라앉은 처연한 모습의 삶, 그러나 그런 정경에도 아름다움이 깃든다. 이것이 김 시인의 시가 지닌 힘이다.

　앞의 작품과 비슷한 톤의「수국水菊 속에 깃을 치다」는 유일한 사설시조로서 우선 안정감이 느껴지는 작품

이었다.

>밤새 빗소리가 춤을 추다 멀어진다
>
>높았다 낮아졌다 빗방울의 음계들이 몸을 털며, 몸을 털며 어둠에 스미더니 연못 저 끝쯤에서 찢어지는 개구리 울음 한 무더기 비명으로 감겨든다 그제야 비로소, 반쯤 남은 흔적과 눈물과 물거품을 놓친 나는,
>
>지다만 수국 속으로 깃을 치는 새가 된다
>   ―「수국 속에 깃을 치다」 전문

적절한 반복법과 가락을 살린 구와 구의 연결, 섬세한 심경 변화의 치밀한 묘사 등을 짧은 시의 행간에다 잘 갈무리한 작품이었다. 사설시조라고 해서 마냥 긴 가락을 늘어놓는 것은 옳은 시작 태도가 아니다. 시를 읽는 재미에 지루하다 싶은 긴 사설은 어떤 의미로든 바람직하지 않기 때문이다. 따라서 필연성이 뒤따르지 않는다면, 작금에 횡행하는 산문에 가까운 문법을 무시한 넋두리 자유시와 크게 다를 바가 없다. 그런 의미에서 인용한 작품은 하나의 좋은 사례가 될 법하다.

몇 편의 단수 가운데서는 「성에」가 눈길을 끌었다.

밤눈
다녀가신

그 창밖에
누가 서서

빙벽의
내 가슴을

끌로 쪼고
있구나

무수한
잔금에 찢긴

눈꽃이,
떨고 있다

—「성에」 전문

잦은 구별 행갈이를 한 단수로 짧게 끊은 호흡과 그에 따른 시행 배치가 잘 어울려 시각적으로나 읽기에 재미를 더하고 있다. 기회 있을 때마다 곁들이는 말이지만 시조의 요체는 단수이다. 그리고 시조가 우리시로서 그 진가를 내보이고 또 독특한 양식에 세계가 관심을 기울이게 하기 위해서는 단시조의 발전과 함께 그에 뒤따른 뛰어난 작품의 양산이 뒷받침되어야만 한다.

'빙벽의 내 가슴을' 누군가 끌로 쪼고 있는 모습, '무수한/ 잔금에 찢긴/ 눈꽃이,/ 떨고 있'는 '밤눈/ 다녀가신' 그 창밖 묘사가 아주 차고 단단하다. 단시조의 묘미와 아름다움을 동시에 느끼게 하는 가작이었다. 이만한 단수라면 시인의 역량을 가늠하기에 조금도 부족함이 없다는 생각을 했다.

3
시집 「종이새」 마지막 부 '아름다운 약속' 편에서는 인연의 소중함과 따뜻한 가족애가 느껴지는 작품 몇 편이 읽는 즐거움을 안겨 주었다.

그 가운데 한 편을 먼저 옮겨 읽기로 한다.

> 녹다만 잔설들이 그늘에 머뭇대는데

성미 급한 냉이꽃대 작은 깃발 치켜든다

바람은 매몰차지만 발돋움 연습중인가

애지중지 키웠어도 나중엔 혼자 목숨

허허벌판 한가운데 부모를 모셔놓고

밤마다 요양병원이 꿈속으로 왔다간다

밤 속의 보늬 같은 어머니는 나의 허물

자식 돈 아깝다고 발목에 또 힘주신다

햇살이 유리창을 타고 흔들리는, 한낮
　　　　　　　　　　　―「냉이꽃 병원」 전문

　봄은 회생의 계절이다. 긴 겨울의 끝자락을 그래도 아쉬워하듯 아직 녹다 만 잔설이 산이며 들녘에 군데군데 그 그림자를 드리우고 있는데, '성미 급한 냉이꽃대 작은 깃발 치켜든' 그런 날이다. 여기에 만년의 어머니와

딸(화자) 사이의 애틋한 사랑을 그려놓고 있다.

그래서일까. '봄-회생-냉이꽃' 이런 등식에 '-병원' 이 전혀 낯설지가 않는 이유를 알 것도 같은데, '밤 속의 보늬 같은 어머니는 나의 허물'을 놓으면 「냉이꽃 병원」 은 눈물겹다. 왜 하필 '밤 속의 보늬 같은' 내가 아니고 어머니일까. 어머니를 그린 시의 화폭이 섣부른 감정에 치우치지 않고 마치 봄 햇살처럼 애잔하여 더더욱 정감이 간다. 그리고 제목부터가 한 폭의 수채화를 연상시킨다.

이런 감정의 흐름은 다음에 인용하는 시 「보내놓고」 에도 잇닿아 있다.

> 인연은 한번뿐이라고, 아등바등 움켜쥔 채
>
> 그늘의 막장까지 끌고 왔던 긴 그림자
>
> 물젖은 빈혈의 아내 계산 모를 셈을 한다
>
> 할 말 다 막아놓고 돌아와 추억이 된
>
> 두고 온 그리움만 춥고도 서운하다

> 지친 맘 침묵으로 털며 뼛가루에 뿌린 눈물
> ―「보내놓고」 전문

'미타원에서'라는 부제를 단 위의 작품은 사람과 사람 사이의 인연을 그리고 있다. '두고 온 그리움만 춥고도 서운한' 연緣의 굴레를 우리는 살아가는 동안 얼마나 겪었던 것일까. 사람마다에 주어진 관계와 인연, 그 소중한 추억을 간직하는 것이 곧 우리들 삶이다. 그리고 그 끝을 '눈물'로 맺었는데, 이러한 장치가 시를 더 아름답게 하는 요인이 되고 있음을 목격하게도 된다. '지친 맘 침묵으로 털며 뼛가루에 뿌린 눈물'이 살아 있는 자들이 할 수 있는 마지막 인사라는 사실에 우리는 종종 회의와 환멸을 느끼게도 된다. 그뿐 이승의 이별은 아주 짧은 눈물의 순간이다.

필자는 시집 「종이새」를 통해 김선희 시인의 삶에 대한 끝없는 질문과 그것을 풀어가는 시적 감응 그리고 그가 열어 가고자 하는 앞으로의 시세계도 헤아려 볼 수가 있었다. 하여 지금의 가둠과 자유 사이의 활달한 넘나듦처럼 이제부터 더욱 분방하라는 당부의 말을 끝으로 곁들인다.